Instantes de...

Instantes de...

Charly Yeye

Para realizar pedidos de este libro, contacte con:
Palibrio LLC
1663 Liberty Drive, Suite 200
Bloomington, IN 47403
Gratis desde EE. UU. al 877.407.5847
Gratis desde México al 01.800.288.2243
Gratis desde España al 900.866.949
Desde otro país al +1.812.671.9757
Fax: 01.812.355.1576
ventas@palibrio.com
524165

ÍNDICE

Dedicación..7
Agradecimientos..9
Prólogo..11
Capítulo 1...13
Capítulo 2...15
Capítulo 3...18
Capítulo 4...20
Capítulo 5...23
Capítulo 6...27
Capítulo 7...30
Capítulo 8...32
Capítulo 9...35
Capítulo 10..37
Capítulo 11..40
Capítulo 12..42
Capítulo 13..45
Capítulo 14..47
Capítulo 15..50
Capítulo 16..52
Capítulo 17..55
Capítulo 18..57
Capítulo 19..60
Capítulo 20..62
Capítulo 21..65
Capítulo 22..67
Capítulo 23..70
Capítulo 24..72
Capítulo 25..75
Capítulo 26..77
Capítulo 27..80
Capítulo 28..82
Capítulo 29..85
Capítulo 30..87
Biografía de la artista Lilia Luján 93

DEDICACIÓN

La dedicación de este libro para la mujer más grandiosa, sabia, e impresionante que he podido disfrutar en este camino de la vida, para mi madre. Gracias por iluminar mi camino, por enseñarme en tan poco tiempo sobre la vida y sus personajes. Gracias por cada palabra, por cada gesto, por cada enseñanza, por cada abrazo y cariño. Te extraño mucho, pero sé que estás conmigo en cada paso. ¡Besos, abrazos, y todo mi amor de siempre Julia, mamá!

AGRADECIMIENTOS

Agradezco a todos los que han creído en mí trabajo, dedicación, y en mi persona. Agradezco a todos los que se han cruzado en éste camino de la vida, en diferentes países y regiones, porque de alguna u otra forma contribuyeron a estas líneas y a éste ser humano.

Agradezco a Lilia Luján por el invaluable aporte con las imágenes de sus grandes obras. Gracias Lilia por tu gesto y por tu arte. Al final del libro podrán encontrar los links para las obras de Lilia y su biografía. Les recomiendo con la mente y el corazón su arte.

PRÓLOGO

Mi madre solía decirme como una gran reflexión de la vida la siguiente frase: "No busques la felicidad continua, constante, porque no existe. Sólo existen instantes de felicidad".

Con el transcurso de los años, y en cada paso por el camino de la vida, confirmé sus palabras, su sentido, su alcance, su sabiduría desplegada en pocas palabras, duras pero contundentes, como la vida misma.

Son los instantes de la vida los que nos dan un panorama diferente en las sensaciones y sentimientos. Un instante de alegría, un instante de tristeza, un instante de tragedia, un instante de pasión, un instante de sorpresa, de exaltación, de recuerdo, de fugaz locura o no tan fugaz; instantes, un instante de felicidad... Por eso el título del libro, porque, quizás, mucho de lo que podemos expresar está resumido en eso, instantes, esa fracción de tiempo que puede cambiarlo todo.

Este libro no pretende ser más que eso, el reflejo de instantes que se deslizaron en un teclado con frases sin orden y aparente sentido. Frases de un aprendiz. Sin esperanzas de una mayor comprensión del lector. Aunque existe la facilidad, la sencillez de la obra, para leer cualquier capítulo ya que no tiene un orden específico.

Espero que algunas de las frases del libro ayuden en ese camino de la vida donde cada uno tiene sus batallas internas y sus desafíos.

Por eso, y más, "Instantes de...".

Cada uno de nosotros hace las propias frases desde los instantes vividos. Se trata de hacer el camino propio. Ninguna vida es igual a otra, es única e invaluable. Construyan sus propias frases.

CAPÍTULO 1

Instantes cruciales para alimentar la vida, pasos verdaderos, tocantes, reflexivos, huellas que están presentes por su peso, cada vez más fuertes y profundas, porque no tienen tiempo, ni espacio.

Desde el lejano éxtasis, nuestro interior deja a nuestra merced, la fantástica seducción del alma. Es que el interior sumergido en misterios se deja llevar hasta las intensas crestas del universo.

Perdido sabor de colores, sin más combustible que el aire del más allá. Sinfonía apasionada de amor, juego sin fin, escalofrío de seducción, sabor a piel amada. Fresco rocío de una flor impregnada, estrella, luna, arte sin final, sin acertada descripción posible. Palabras que intentan definir el esplendor de una ópera emocional. Cargada de percepción. Seduce el viento. Proviene desde el aroma de una mujer.

Arco iris, estrellas de miel, luna de terciopelo, mar de esmeraldas, cielo de fantasía, sed de sangre con sabor a vino, lluvia de perfumes, piel de seda, música que hierve el vientre, compás de emoción sincronizado en las entrañas. Umbral del silogismo, del volcán que explota ante la voz. El corazón se desprende desde el alba con destellos de luna y sol.

Encontrar los ojos que destellan diamantes, porque reflejan amor y proceden del ser que amamos. Sublime momento al vernos reflejados en ellos.

Pétalos de orquídeas, que se esparcen en el lecho del amor y crean un esplendoroso instante, el segundo que se detiene en el mundo de los sueños, los mismos que están guardados en los rincones del cuerpo, brotan entre los poros del tiempo y se hacen sentir inconsolables en el aire. Un mundo de arte, de ensueño.

Conquistar lo que está más allá de los ojos es el desafío.

CAPÍTULO 2

Hay días en los que la melancolía y la nostalgia llegan hasta lo más profundo de nuestra alma, toman parte de ella y la sumergen en un vacío que parece no tener fin.

Podemos perder parte de la razón, la cordura, mientras que estamos atrapados en ese mundo oscuro que nos quiere retener por tiempo indeterminado.

El por qué aparecen esos días en nuestro camino son misterios e interrogantes de nuestras profundidades, de nuestro sentir, de nuestro no tan claro interior. A veces una frase, a veces un momento de tristeza, a veces un instante de reflexión... Hasta un determinado momento nos puede conducir a la sin razón y a la caída.

La intensidad del pensamiento tiene muy oscuros rincones, complejos, muchas veces distantes de la reflexión lógica. Podemos caer fácilmente, muy fácilmente.

La mente y la soledad nos pueden jugar una mala pasada, nos pueden confundir y llevar a los más raros y estremecedores pensamientos. Es una pesada vivencia que seguramente muchos de ustedes han podido experimentar.

Los misterios del ser humano son asombrosos, implacables, y nos pueden crear increíbles trampas en nuestro camino de la vida.

Y sí, es cierto que muchas veces somos nuestro más poderoso enemigo. Nuestro interior y nuestros pensamientos pueden causarnos la muerte, así ha sucedido con muchos mortales que fueron atrapados por esos instantes oscuros que prevalecieron y que causaron la fatalidad. Y, hasta el eterno olvido.

No debemos olvidar que ese enemigo está dentro nuestro, dormido, hasta que despierta un día. Está en cada uno y debemos derrotarlo, al menos por un tiempo hasta que regrese nuevamente. Porque ese enemigo no ataca una sola vez, convive con nosotros, está latente en nuestro interior.

Pintura de la artista Lilia Luján

CAPÍTULO 3

¿Cómo dos personas tan diferentes pueden llegar a encontrarse y ser parte de una misma realidad de amor? Es una gran pregunta que se desliza en forma constante entre millones de historias.

Polos opuestos que alguna vez se encontraron en un recóndito lugar del mundo. Vivencias pasadas, tan distantes, tan opuestas, encontraron un punto en común en el universo.

Parece digno de una gran historia de ficción, pero constituye, en algún punto, una realidad para millones de personas que se encuentran en éste mundo tan extraño, un mundo que lo pensamos, deseamos y queremos, de una forma tan diferente.

Polos opuestos en alguna especie de extraña burbuja de amor.

Es posible que hayan pensado muchas veces en todas éstas frases y reflexiones al construir y caminar la vida. ¿Cuántos artistas, escritores, pensadores, habitantes de este mundo confuso pensaron cosas similares? Imagino desde ésta mente tan pobre, tan miserable, que esas fueron millones de veces, casi infinitas veces... Porque somos mortales, porque nos pasan cosas, porque somos contradictorios y fantasiosos.

¿Es que existe alguien, en algún lado no terrenal, jugando con nuestras vidas, con nuestros sueños, con nuestros destinos? Por instantes, nos planteamos algunos mortales esas interrogantes, ideas y pensamientos, que parecen no llevar a la nada, a ningún camino, a ningún final. Solo construyen dispersas películas cargadas de niebla, historias, en las que algunos, solo podemos encontrar un misterioso significado.

CAPÍTULO 4

Nació como algo paradisíaco, capaz de alterar la realidad y los sentidos, capaz de construir un mundo esplendoroso y fantástico.

Parece extraño, sucede muy a menudo en este mundo de mortales, donde un instante mágico, maravilloso, puede desaparecer para transformarse en algo oscuro. Por momentos, parece ser una cascada de miel. Sin embargo, de pronto, se transforma en un oscuro túnel que carece de mucho sentido y luz. Segundos, minutos, horas, días, semanas, meses, donde todo se empaña, se oscurece, hasta que desaparece todo resquemor de luz. Es más oscuro que muchas cosas que uno pueda imaginar, sin una perceptible luz, sin un final feliz. Ansiedad, desesperación y hasta terror.

Qué caminos tan extraños, enredaderas de un laberinto que parece carecer de sentido. En un instante todo es arco iris. Finales felices, historias entrañables, sentimientos compartidos, historias dignas del mejor recuerdo. Pero, instantes después todo cambia y el mundo mágico de historias eternas y entrañables, se transforma en el mundo del revés. Ese mundo que ninguno quiere, que ninguno desea;

porque en verdad, ¿quién no quiere y desea en lo más profundo una historia feliz o, al menos, un final feliz?

La realidad nos sorprende, nos despierta, nos abofetea, cambia nuestras pisadas, nuestros deseos, nuestras vidas y nuestros destinos. En un segundo, en un instante, todo puede cambiar…

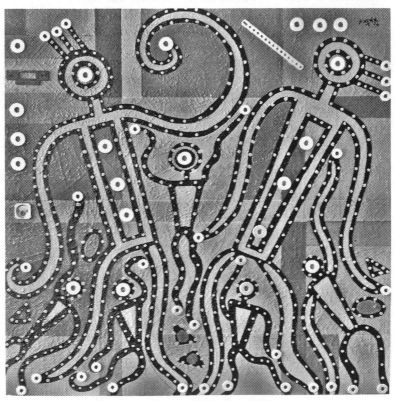

Pintura de la artista Lilia Luján

CAPÍTULO 5

Siempre hay una historia, una historia breve o una historia larga, pero siempre hay una historia. No importa cuántas veces le demos la vuelta al tema, siempre hay una historia detrás de nosotros, parte de nosotros. Historias que se cruzan con otras y forman los caminos de la existencia.

Es cierto que en esos momentos duros nos replanteamos muchas cosas... Reflexionamos sobre lo hecho, lo pasado, lo sufrido, lo vivido, y debería ser bueno hacerlo, aunque haya que tragar saliva y descubrir la agria y desgarrante tristeza entre los llamados del pasado y presente. Es duro. No es fácil. Pero es parte de la existencia misma, quizás, para descubrir o redescubrir una cantidad de nuevas sensaciones que muchas veces el corazón no puede comprender con facilidad.

No hay caminos sencillos, fáciles, no al menos en la vida de muchos mortales.

Por feliz contrapuesto, surgen, cobran vida y se desplazan los sueños. Ellos son, los motores de la vida, nos hacen despertar cada día buscando algo mejor, un objetivo para alcanzar y mucho por descubrir.

Los sueños son una arma poderosa, que pueden hacer palpitar al corazón más adormecido por el dolor, es una poderosa medicina de alcance milagroso. Levanta a muchos de los casi muertos y los pone de nuevo a caminar por los duros caminos de la vida. Caminos que con valentía debemos volver a retomar.

Cuando todo está casi en cenizas, siempre puede surgir un sueño que nos atrape, que nos seduzca y nos ayude a remontar la montaña.

Tantas veces por caer, tantas veces por ceder, y acá seguimos, buscando el próximo sueño, la próxima ilusión para intentar alcanzar y traspasar la cima de una nunca escalada montaña.

La vida es así, no da descanso, parece un maestro ansioso de darnos todos sus conocimientos, hambrienta de trasladar sus enseñanzas. Nos golpea, nos causa dolor, y otras veces nos enciende en alegrías.

Muchos de los conocimientos llegan desde el dolor, una extraña forma de demostrarnos lo efímero y lo humano lleno de errores que somos y padecemos. Aprendimos y nos criamos con frases como: "Para aprender debes darte contra la pared". Extraña, ruda y triste forma para enseñarse. Son incansables sensaciones de tono gris.

Y sí, muchas veces solo hay gris, no hay otros colores, hasta alcanzar la siguiente ilusión y que se despierten las gamas adormecidas.

El gris ilustra lo que parece verse pero no se ve, lo que parece ser, pero no es. Es una especie de cruel espejismo. Lo vemos de una determinada forma, quizás, para mostrarnos que todo es relativo en la vida, que nada tiene un alcance tan elocuente y contundente, salvo la muerte.

Necesitamos tiempo para descubrir que muchas cosas son mezclas, fusiones, y no son determinantes.

Y cuando el arco iris aparece es cuando resurge la magia. Esos instantes de múltiples y bellos colores, que nos paralizan, que electrifican, que son únicos... Aunque muchas veces de corta duración. Lamentablemente.

Esos arco iris construyen parte de las bellas historias. Así como el gris es parte de otros instantes que parecen ser no tan atractivos.

Instantes de nuestra vida para bien o para mal, y que constituyen lo que somos, lo que hemos construido en el acierto y en el error.

"Los caminos de la vida no son lo que yo esperaba, no son lo que yo quería", dice la canción. Y sí, querríamos lo casi perfecto, lo especial y fragante, pero la vida no es así de aburrida. No. Hay de todo...

¿Cómo podríamos aprender sin los caminos complicados y difíciles, sin redescubrir una y otra vez las peripecias de ésta vida? ¿Cómo podríamos valorar en su casi justa medida los instantes de felicidad si no pasamos por esos túneles de oscuridad?

La respuesta parece sencilla, la vida no lo es.

Redescubrimos que hay personas malas, gente que no le interesa el bienestar de otros, más bien ocasionan daño tras sus frustraciones. Pobre gente que no ha podido encontrar el camino que les ayude, que les de cierta libertad, cierta paz, para que puedan enfrentar sus errores y frustraciones con valentía, con hidalguía, con astucia y sin miedo. Pobre gente que se esconde detrás de miedos que no saben cómo superar, que no saben manejar. Personas que construyeron parte de su vida sobre un piso de lodo que se desvanece. Da tristeza verlos perdidos sin rumbo, sin piso, casi cayéndose a pedazos y amparando esa lamentable realidad en querer dañar a otros. Cobardes sin aparentes límites. Triste gente de pies de barro.

En algún momento muchos estuvimos perdidos o casi perdidos sin rumbo aparente. Para algunos seres humanos existe una delgada línea entre enfrentar a la vida para encontrar el rumbo, o dañar a otros por la incapacidad para enfrentar los miedos y frustraciones.

Esa pobre gente también es parte de los caminos de la vida, esos que no esperaba, esos que no quería, pero que son... Los caminos de la vida.

CAPÍTULO 6

La cuestión es que, aunque muchas veces deseemos lo mejor, pensemos lo mejor, esperemos con toda la profundidad las mejores opciones, deseos, y posibilidades, la resolución de tan bella esquizofrenia es significativamente diferente. Producto de la mejor utopía pero no propia de la realidad. Aunque también es presumiblemente cierto que el poder de la mente y el pensamiento, alcanza lo imposible.

El viento trae un extraño lamento, un extraño agridulce sentimiento, tan frío pero tan mío. Me gustaría desecharlo, olvidarlo, dejarlo perdido en una alguna vereda sin fin. Sin embargo, debo explicar claramente que es mío, sí, es mi sentimiento, con todo el derecho a padecerlo y vivirlo.

A veces, al mirar al cielo, puedo percibir que ese lugar incierto, seguramente habitado por un espíritu conocido, parece sentir lo que siento, lo que sentimos. Ese espacio, ese instante se hace piel, se hace carne y sangre, se hace parte y sustancia carnal. Universo, realidad, fantasía, resquemores, miedos, sustancia de amores y desamores, de rencores e ideas, de ilusiones y sueños, esencia personal.

La mente y el cuerpo son laberintos muy extraños que recorremos en nuestra existencia.

No tengo dudas al respecto, nací para correr, para ser rebelde, para ser diferente, para ser un perro verde.

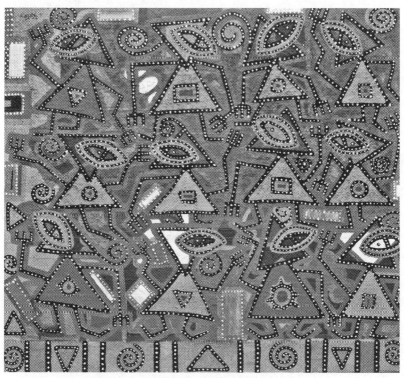
Pintura de la artista Lilia Luján

CAPÍTULO 7

De vez en cuando la vida nos da un toque de magia, saca instantes felices de la galera, sutiles instantes, suaves y mágicos, únicos... Percepciones desde el aliento profundo del alma, que nos inunda de colores, sabores, instintos que se derrochan en nuestro ser. El tiempo se detiene y suspendidos quedamos en un arco iris nocturno.

A veces, hay individuos que con sus escritos de cientos y cientos de palabras no dicen nada, absolutamente nada que llegue a tus profundidades, palabras que capten tus sentidos. Pero, en algún destello de verdadera inspiración y lucidez, ese mismo individuo que nunca decía nada en cientos de palabras, de repente, tiene un mal día y aparecen en su escritura líneas dignas de analizar, de compartir y de sentir. Muchas veces lo mejor de uno sale en los peores momentos...

La música cuando penetra nuestras almas, nos da oxígeno, libertad, sueños, ilusiones, esperanzas, sensaciones que son únicas y, que nos recuerda la belleza de la vida y lo mucho que tenemos por vivir.

Cantar, bailar, saltar, gritar que estamos vivos y que…
¡Ahí vamos vida!

Una terrible broma del destino y una canción que nunca acaba…

Gente, vidas, caminos, opciones, equivocaciones, aciertos, tristezas, alegrías, lunas pasionales, alientos desenfrenados, noches divertidas, amaneceres mágicos, destellos mañaneros inolvidables, alma cubierta en emoción y estremecedores pálpitos del corazón. ¡Vida!

CAPÍTULO 8

Otra vez se fue el día, otra vez la tarde y la noche, la interminable tarde y noche. Otra vez la misma rutina nocturna que me consume día a día, esa rutina sin ni siquiera una pizca de magia, de interés, de algún sentido que mueva un poco el ser.

Hace meses que siento que los días se van demasiado rápido y las noches son demasiado lentas. Son sensaciones que nunca antes había sentido. Yo que fui parte de la noche, un individuo noctámbulo, enamorado de las luces nocturnas y los caminos oscuros llenos de intriga y adrenalina. Un enamorado de las noches ciudadanas, de las calles asfaltadas que tanta vida me dieron, que tanta energía y experiencias me aportaron. ¿Tanto ha cambiado todo? Sí, mucho. Demasiado.

Las calles desiertas del olvido transitan el alma…

Debilitado el corazón… La piel pegada al hueso, el asqueroso dolor y algo creciendo en esa herida.

Recordando ese sabor, esa poesía que alimentaba mi corazón con su esplendor, con su color, con su olor.

Letras encarnadas y pegadas al hueso, una huella grabada a fuego en el corazón.

La poesía me pidió volver... Regresar a la belleza de la simplicidad. Es posible que ahí encuentre gran parte de la verdad. Jamás dejé de desearte, de extrañarte, de sentirte, porque me das todo lo que necesito, lo que me hace palpitar y vibrar.

Un verso cruza el universo para regalar sonrisas y sueños.

Pintura de la artista Lilia Luján

CAPÍTULO 9

Es la vida que llega y rescata mi alma. ¡Otra vez!

Me gusta el primer trago de café, mirar el sol por la ventana y sentir la brisa del mar a la mañana, llenarme de un destellante nuevo día. Abrazar el multicolor atardecer, y sentir como el sol enrojecido le da la bienvenida a la luna, nutrirme de esa luz con la pasión de una copa de vino y estallar con las estrellas al compás del mar.

El vino fue nuestro cómplice para esa fiesta de sentidos y palabras.

El vino como la vida misma te puede hacer reír, o llorar, pero sin dudas debes beberlo para poder disfrutarlo con todos sus aromas, colores y sabores... Y así sucede con la vida, debemos vivirla, beberla, para poder disfrutarla.

Del frío de olvidar... Cambiamos la canción... Luego, el secreto, cambió de dirección.

Y cuelgas los ojos en el silencio, en la ventana de la soledad, en el espacio que deja el tiempo...

En cada conversación, cada abrazo, se gana un poco de vida.

Ya nadé por ese río… Está perdido. Toca ahora un nuevo delta, un nuevo rumbo por un río desconocido de vida.

Veo pasar el destino con su descarada sonrisa. Se ríe a carcajadas, Mientras me la juego en cada día por ser yo el último en reír.

CAPÍTULO 10

Aquello que nos da esperanza trasciende el tiempo.

Imaginación, enorme poder, ilusión del volar y sentir. Espectáculo deslumbrante de ingenio que surca el mar infinito y las galaxias lejanas. Capaz de hacer la luna de queso y el sol de pan. Imaginación, tienes el poder de cambiar todo por nada o, nada por todo.

Con el entusiasmo infantil que dura hasta hoy, fui dejando líneas y versos... Las letras me trajeron hasta aquí, hasta éste lugar, hasta éste momento. Compañeras leales e invaluables en el viaje.

El tiempo pasa, sin dudas, pasa... Lo veo en el espejo, en el reflejo de mí ser; no puedes engañar esa imagen, más allá de la juventud del corazón y del alma, no puedes mentirte, esa imagen y tú saben la realidad, la verdad.

El tiempo es un ladrón cuando estás indeciso...

El tango es peligroso para el que emigró lejos, te seduce, te estremece la piel y el alma, te sumerge en las intrépidas nostalgias, melancolías que te parten el corazón en miles de recuerdos. Lo quieres evitar pero no puedes, lo necesitas, también es parte de lo que eres.

Un café que ya está frío... Café, humedad, frío; días con trampas y soledad.

Pensativo siempre, melancólico a veces, triste lo menos posible.

La vida es cuestión de actitud. Sufrimos cosas malas y tratamos de disfrutar las buenas. Hay que dejar atrás lo malo que solo sirve como experiencia, enterremos lo negativo. Y, vivamos al máximo lo bello de la vida.

Pintura de la artista Lilia Luján

CAPÍTULO 11

Inspiración alimenta mi alma y corazón... Sin inspiración no hay sabor y apenas color, no hay ilusión, no hay alas, no hay latir ni sentir.

Besos de cristal con la luna encendida...

Misterio, pasión, seducción, percepción, magia, estaciones del recorrido personal donde se detiene la mente y resaltan los sentidos. Secuencias persistentes del alma.

Largo camino, sin un destino, sin un final... Las luces de los autos, el rugir del motor, el viento que limpia la cara, el pelo que vuela, la imagen que navega en el aire. Es largo, lento, el camino sin destino y sin final...

Igual a nada. Como el agua que no se siente, como la brisa que no sopla, como las palabras que no se escuchan, como el pensamiento que no se padece, como el calor que no te enciende. ¡Igual a nada!

Es común escuchar a mucha gente decir "si esto es realmente para mí, entonces se dará".

Muchas veces estas personas dejan ir las mejores oportunidades por esperar a que mágicamente se materialicen. ¡Nada es por nada, y todo tiene su costo!

Las cenizas del ayer se esparcieron en el viento, el tornado del tiempo se las llevó y las sepultó. Solo quedan las enseñanzas para vivir el presente y buscar un destino.

La envidia secuestra el alma, pudre a las personas por dentro, las hace caer al nivel más bajo de una imperceptible dignidad humana.

Como el aire que se enreda cuando llegan tus palabras. Uno sólo conserva lo que no amarra.

CAPÍTULO 12

Me gusta soñar... Soñar, porque es el motor de la vida. Soñar, porque me gusta sentir el esfuerzo de luchar por lo que quieres. Me gusta soñar porque me hace sentir que todo es posible si lo deseamos y queremos con todas las fuerzas. Me gusta soñar porque me hace sentir libre, con el viento en la cara y el alma encendida. Me gusta soñar porque me siento más cerca de lo que perdí y ahora puedo ganar. Me gusta soñar porque me recuerda el sabor y aroma de un gran vino. Me gusta soñar porque es sinónimo de estar vivo y de querer ser feliz. Me gusta soñar porque no hay una sensación igual. Me gusta soñar...

El tiempo no me alejó de tu lado, cielo de un solo color con un gran sol. ¡Estás guardado en el alma! Te amo, pero también te odié, cielo de un solo color con un gran sol. Algún día te volveré a ver, a vivir tus colores, olores y sabores, tus estrellas, para así, quizás, permanecer bajo tu único y especial manto hasta el final.

San Francisco, ciudad de rebeldía, de cultura, de aprendizaje, de pasión, de amor y paz, de magia, de belleza, de arte, de exaltación, de libertad... Ciudad de investigación y tecnología, muestras al mundo el rumbo, el camino a seguir.

Bella San Francisco, siempre me sorprendes... Me atrapas.

Hay cosas que cambiar, cosas que dejar, para poder seguir, para poder avanzar...

De vez en cuando, es bueno renovar el alma y el espíritu.

No temas al fracaso es parte del camino al éxito.

Cuando crucemos las fronteras, las que nunca debieron existir, nos veremos en el despertar.

Pintura de la artista Lilia Luján

CAPÍTULO 13

Pétalos vacíos, casi semimuertos, sin alma, sin lugar, sin contenido... Hojas resecas del caos, de la falta de paz, que se van, que no despiertan. Viento con sabor a resequedad, a vacío sin fin, a espíritu vacío, sin el olor de la primavera, más parecido al despojante invierno.

Tras la oscuridad todo vuelve a renacer y adquiere un significado único, sorprendente, nuevo, cargado de fragancias y arco iris. Siempre es bueno saborear la oscuridad para entender y valorar la claridad.

Whisky... Me miras, me observas, de reojo visualizas un pasado, una historia sin condena, sin reproches, pero con huellas... Ya no me mires, no me observes, no me siento culpable de nada, no me arrepiento de nada, solo caminé en ésta vida con mis errores y mis defectos. No me interrogues, no me trates de humillar, solo te uso de vez en cuando como un objeto, como una bebida especial, como un trozo de recuerdo, como un grito en una solitaria playa, como un destello de locura, quizás, hasta de libertad... Pero no te confundas, solo te uso, de vez en cuando, como lo que eres, una despiadada pero exquisita bebida. Solo te uso, mientras le guiño un ojo al pasado y sonrío por mi futuro.

Se me paran los pelos, se me estruja la carne, arde mi sangre y mi alma grita, al escuchar sus sonidos. Una extraña magia ronda las calles, descubre rincones, aparecen fantasmas y una entrañable añoranza se hace presente.

Casi toda una vida, atravesando fronteras, culturas y lenguas... Recorriendo. Experimentando. Sintiendo. Aprendiendo...

CAPÍTULO 14

Tantas cosas podría escribir hoy, de todo tipo y sentido. Podría quedarme horas en el teclado sin casi respirar mientras mis dedos solo se mueven de lado a lado. El pálido sonido de las teclas y una canción de soul, mientras veo como cae la noche, una noche que se siente como que no tendrá fin. Una noche que parece no darme una oportunidad de superficialidad y que me sumerge en profundidades, que me absorbe hasta lo más profundo de un mundo de reflexiones. Una noche larga, muy larga...

Cada generación lo vuelve a vivir, la frustración, los recuerdos, los senderos... Encontrando un viejo periódico, reviviendo una vieja conversación, recordando todo lo que éramos, lo que sentíamos y significábamos.

Es muy difícil caminar la vida sin tenerte, sin escucharte, sin olerte. No poder hablar contigo y verte a los ojos.

Te fuiste tan pronto, tan pronto, que apenas pude poner unos pocos años en esa cuenta regresiva. Casi sin conocer mucho de la vida, te fuiste del mundo terrenal. Ha sido duro, muy duro. La prueba más grande que me pudo poner la vida.

Apenas se me dio el tiempo para escuchar algunos de tus consejos, disfrutar algunas de tus sonrisas, respirar tu alucinante aroma de madre, y luego, decirte adiós.

El silencio de nuevo está corriendo... No me puedes oír y no te puedo escuchar...

Los silencios, algunas veces, escondites suspendidos en momentos. Otras veces, contundentes, al expresar más que las palabras.

Un dulce palpito, un agridulce sabor, un suave látigo. Hay algo oculto en cada sensación.

Pintura de la artista Lilia Luján

CAPÍTULO 15

Lo sencillo es maravilloso, tiene el sublime poder de lo natural.

Dar la vida en intentar ciertas cosas que parecen inalcanzables, pero que en la mente y en el alma se acarician, se palpan, se sienten, por eso dar la vida por las cosas que parecen imposibles pero en realidad están al alcance.

Muchos lo piensan pero no lo intentan. Algunos, lo piensan, lo intentan, pero no lo logran. Unos pocos, lo sueñan, lo piensan, lo intentan y lo logran. ¿La diferencia? ¡Convicción, constancia, pasión, y el deseo inquebrantable por lograr un sueño!

Cocinando sueños, un platillo indispensable en la vida. Inspiración, creatividad, ilusión, mucho de trabajo, gran constancia, perseverancia, redondeada con mucho amor y pasión.

El Sol, espejo de tu libertad. El Mar, espejo de tu alma. La Tierra, espejo de tus raíces y futuro.

Por el camino voy mirando el tiempo pasar...

No siempre la perfección es amiga de lo bueno.

Te miré, te toqué, te apasioné, y luego, te puse a dormir...

CAPÍTULO 16

Algunas veces, pierdo la brújula y el rumbo. Me olvido de algunos amores, los que me hacen vibrar, saltar, reír, gritar desde el alma, amores como deslizar mis pensamientos sobre el teclado y escribir.

Los pasos que no se detienen, que no se defienden, que parecen no sentirse... Deambular sin sentido por la escalofriante incertidumbre. Viraje crepuscular, esplendor nocturno y alucinante amanecer. Todo un universo. El poder de lo indefinido.

Una hoja en blanco y un pincel. Colores, mar, un barco sin rumbo, un cielo rojo y naranja, un brillante sol amarillo, un arco iris diferente... Una sensación única. Un torbellino de espectaculares imágenes, con aromas, con sentimientos. Algunas imágenes con raíz en la memoria, pero perfeccionadas a mi antojo, a mi capricho; y otras, otras imágenes, con sensación a un presente y futuro distinto.

El poder de la imaginación para crear el mundo que deseo, que amaría, y en el que viviría por siempre hasta el final de la hoja.

A veces, la vida nos pasea por las calles embrujadas, y aromas de extraña sensación se esparcen en el viento.

Ahí estaré, donde el cielo se une con el mar…

¡Lo mejor siempre espera adelante!

Pintura de la artista Lilia Luján

CAPÍTULO 17

Cada día escribimos un nuevo destino...

Un nuevo día, una nueva oportunidad para construir el camino con destino a nuestros sueños. Cielo de un solo color. Te amé, luego casi te odié, y te volví a amar; y así en un interminable ciclo de cambio de sentimientos. Una lágrima por un cielo de un solo color, que cambió su valor, su gente, su moral, su forma de vida. Cambió sus colores, sus sensaciones, sus experiencias. Cielo de un solo color, eres parte de mí, de mi nacer, de mi niñez, de mi crianza. Te extraño, pero no te quiero cerca. Te amo, pero casi te odio... ¡Y te vuelvo a amar!

Delirio, sonido, revoltijo de colores pasados, ocaso, trapos y lentejuelas, dolor, lucha, pureza, deseo, creencia de las heridas, escondite de la vida.

Experimentar y descubrir un nuevo vino es un salto a la sorpresa. Un momento irrepetible donde los sentidos experimentan una cascada de sensaciones. Es un pasaporte al mundo, a la región donde se trabajó y se elaboró con pasión y dedicación ese vino. Descubrir un nuevo vino, es una sensación única que ninguna otra bebida puede ofrecer en tal dimensión.

Vino es encuentro, es informalidad, diversión, no protocolo. Es pasión, amor, dedicación, arte, amistad, sabiduría, es el encuentro con una realización única para nuestros sentidos.

Imágenes entrelazadas, suspendidas en un instante. Un viaje alternativo a las penumbras de un escaso recuerdo.

Lucha tras lucha, verso tras verso... ¡Caminando la vida!

CAPÍTULO 18

Las mentiras le desarmaron el alma, la pusieron de rodillas, desnudaron su inmoralidad, quebrantaron su espíritu, diezmaron su decencia y ocultaron su bondad.

Algunas personas solo buscan dañar a otras, en su falta de capacidad para procesar sus errores y frustraciones, solo descargan su toxina con la intención consciente o inconsciente de dañar porque ellos han sido heridos. El intentar dañar y no ayudar, es sólo una triste y lamentable muestra de algunos seres humanos.

No me responde. No me responde la oscuridad. No encuentro su sonido de respuesta. No encuentro su enseñanza. Hoy, al menos, no puedo resolver el acertijo de sus líneas, de sus rincones. Parece que tiene mucho para dar, pero no responde, no dice nada, no emite nada. Es una oscuridad vacía, sin nada para dejar, que no parpadea, que no emite señal, vacía, muy vacía.

Se aferró a la soledad, busca encontrar su libertad. Se siente atrapada entre sus propios cerrojos, busca imaginar otra realidad al cerrar los ojos. En su propio túnel, busca la claridad y dejar atrás los sentimientos de oscuridad.

El viento comparte la razón que el tiempo descartó.

Palabra tras palabra, línea tras línea, verso a verso, camino y más camino. Un desafío incansable del andar y un sentir perdido en algún sendero de la vida. Y de nuevo, palabra tras palabra y línea tras línea...

Sendero de mi soledad, avenida de mi esperanza, cascada de mi pasión, guarida de mis sueños.
El exquisito sabor de los sueños.

Pintura de la artista Lilia Luján

CAPÍTULO 19

Escalamos las montañas de luchas y batallas. Atravesamos los ríos de incertidumbres y desafíos. Trepamos los árboles con las ramas más desafiantes. Caminamos los senderos más inquietantes. Hicimos puentes en al aire de la nada. Vencimos... ¡Vencimos todo lo que decían era imposible!

Amo lo que hago... Amo mi trabajo, como quien ama el amanecer y un esplendoroso sol en primavera, o el olor del café en las mañanas, o la copa de vino mirando el atardecer, o el ruido de las olas en la noche con el reflejo de la luna. Amo lo que hago, amo mi trabajo, amo los desafíos, las aventuras, despertar cada día y saber que amo lo que hago y que será otro gran día.

El ser inmigrante no es nada fácil, todos nosotros sabemos muy bien esa historia, la vivimos o, la vivieron nuestros abuelos o nuestros padres, llegamos casi de la nada para contribuir a construir una familia y, con ello, un país.

Despertó una ilusión... Un sentido extraño de mistura incierta, un escalofrío que recorre la piel, un instante eterno dormido en el tiempo, un destello implacable que murmura en el alma y enciende lo oculto, la sorpresa de lo desconocido con sabor a paraíso.

Misterios que atrapan el alma y seducen el presente.

Una ilusión que se acaba, un suspirar que flota en el aire, una sonrisa sin palabras, una tenue mirada, y los días que no representan nada.

Misterio, pasión, seducción, percepción, magia, estaciones del recorrido personal donde se detiene la mente y resaltan los sentidos. Secuencias persistentes del alma.

CAPÍTULO 20

Extravagante silueta, encantadora de sombras, camina oscilante entre la oscuridad, no busca nada en especial solo se deja llevar. Desliza sus pasos, se mueve con gracia, y su figura desencadena un escalofriante encanto. Sus curvas interpretan una extraña danza, una apasionante canción que embriaga la razón. Sus piernas abrazan la noche y ofrecen claridad. Esconde mucho más de lo que se puede apreciar. Su piel se cubre con un vestido de misterio y seducción.

Imaginación, constructora mágica de inquebrantable espíritu, sorprendente desde siempre, capaz de crear un universo tan especial, tan único, tan brillante, tan apasionante y seductor. Imaginación, inspiración de los sueños, dulce creadora de la deseada realidad.

La piel que toca al hueso, sentimiento de debilidad, el corazón que se hunde en el lamento y el alma que llora en un rincón.

Espesura interminable, sombra escalofriante, sendero inesperado, luego… ¡Olvido!

Sensación nueva, con sabor a miedo, perturba, te inunda, se apodera, pero se enfrenta y se debilita, no entiende de buenos enemigos, se acobarda, se retira, la vences... ¡Es tuya!

Ser el silencio y el tiempo. La sombra y el resguardo. La fuerza y la vitalidad. La sensualidad y la energía. La ternura y el abrazo. La simpatía y la profundidad. La inteligencia y el tacto. La pasión y el desgarro. ¡Ser!

Plantando, podando, acariciando, moliendo, desbordando, fermentando, añejando, degustando sentimientos. El aroma del vino es el aroma de la vida.

Pintura de la artista Lilia Luján

CAPÍTULO 21

Perdí el sentido por un momento. Padecí algún tipo de falta de orientación. Perdí el gozo, por un instante, de lo que tanto amo hacer y por lo que llegué hasta aquí.
¡Ya regresé!

Un libro que no termino de leer, un libro que no termino de hacer; un libro... ¡La vida!

Las pausas se esparcen en el atardecer, esperan por las primeras sombras de una desquiciada noche. Se cobijan en el amparo de una estrecha escena noctámbula. No existe nada más, solo la conexión desde las penumbras que elevan los alientos al paraíso.

El viento se llevó las oscuras tormentas. Ahora todo es más claro, la luz se esparce, y el sol calienta el alma.

Amor al camino... Devoción por la libertad, respeto a la soledad, pensamiento y reflexión, pasión por la aventura.

Soledad que das todo... Lo que puede ser veneno para algunos, es medicina para otros. La soledad te permite descubrir tu interior, caminar de la mano con tu alma, sentir palpitar tu corazón; te permite sentir de otra forma, de una forma diferente. Soledad que das todo... Y a veces lo quitas.

La brisa que llega desde el mar despeja el presente, inunda los pensamientos, sacude el interior y ayuda a concebir los sueños.

Una vieja llave, la posibilidad de abrir la puerta del olvido, la participación en la memoria que busca recobrarse de un despido, de un triste aliento.

Un trago amargo, el final de un suspiro, los ojos caídos y la mente perdida.

CAPÍTULO 22

Las voces que cantan, que someten sus sonidos, nunca mueren, siempre brillan, pasan a la inmortalidad.

Te perdiste en algún camino desierto o en alguna tormenta, no encuentras el camino de salida, eres un esclavo momentáneo, un pasajero encerrado en su propio viaje. Pero no será por mucho tiempo, será hasta que encuentres el camino apropiado, el espacio que sea parte de tu interior y de tu destino.

Llora si debes llorar, si sientes el derramar lágrimas... Ríe a pesar de todo, y más si es una risa sincera que encanta al corazón y exalta al alma, ríe de esa forma hasta que ya no tengas fuerzas...
No debes callar, nunca. Grita y grita hasta liberar tu sentir, tu palabra, tu pensamiento. Nunca silencies lo que deberías expresar con el corazón.
Nunca desistas de perseguir tus sueños, de alcanzar las metas, de finalizar esa carrera, ese camino que debes terminar, busca y alcanza tus sueños porque eso le dará otro significado a tu ser y a tu vida.

No, no se secarán los mares, nunca, porque el mar es nuestra alma y nuestra esperanza. Es nuestro arco iris de ilusión, es nuestro universo de esperanza, origina el tsunami que nos mueve para alcanzar lo imposible. Nos alienta, nos sostiene, nos seduce, nos da vida.

Se desplaza una canción, viene con todo el poder de arrastrar nuestro interior al más allá, ahí donde casi nadie puede llegar porque es tan interno y tan íntimo que casi es inexpugnable. Instantes maravillosos, llenos de hermosa locura, sonidos que sanan, nos sanan por dentro y nos hacen brillar por fuera. En verdad se siente la curación, esos sonidos quitan lo malo, destierran el dolor, lo espantan, lo sepultan. El poder sanador de una canción.

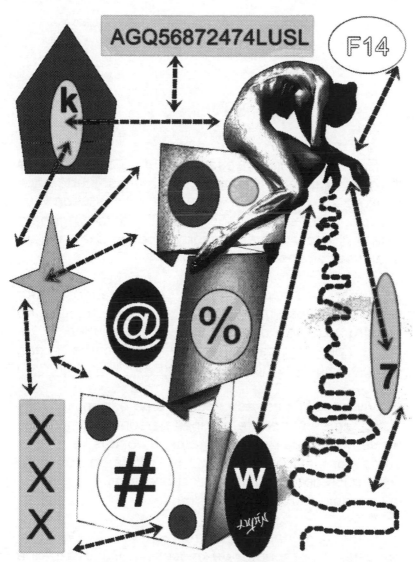

Pintura de la artista Lilia Luján

CAPÍTULO 23

Ese espacio, ese lugar cobra vida inexplicablemente, se hace sentir más fuerte, nos comienza a impregnar con sus latidos, con sus aromas, con sus sensaciones. Encanta y genera éxtasis. Hace vibrar el interior y produce una catarata de sensacionales experiencias.

Beber la lluvia, sentirla desplazándose por nuestros labios, por nuestra silueta, conquistando nuestro cuerpo, dando vida a la sequedad de nuestra piel. Nos calma la sed y nos sumerge en una completa humedad de naturalidad.

Vivo en el límite, esa línea que no parece ser muy visible en el mundo de algunas personas. Límite que no permite visualizar claramente las ondas del placer completo. Límite que nos ata, nos trata de contener, sin darnos oportunidad a descubrir un nuevo mundo, impensable, sorpresivo, alucinante.

Cara mimada sin rostro verdadero. Cara de fantasía, de engaño, de inocencia fingida, pálida sonrisa sin honestidad, que triste faceta para una mirada sin rostro.

Me aferro a una historia muerta, sin vida, con tal de sentir que algo sensacional sacude mi interior. Me miento con tal de sentir algo diferente. Me engaño para sentir que hay fuego en mi sangre y que todavía puedo vibrar con ese amor que ya falleció.

Los mató el tiempo, fallecieron de ausencia. Padecieron el reloj y los cajones del olvido. Hojas resecas que el viento arrastró. Lágrimas frías del pasado. Final de los perdedores.

Hechizo detenido por el silencio de la verdad. Obsesión mortal. Decisión sin piedad. Caricia vacía. No hay ganador...

CAPÍTULO 24

Espero por la luna, espero porque se meta el sol, que caiga la noche y comience el amor. Una noche iluminada y estrellada que me llene de inspiración, que me haga crecer más y más... Que salga la luna, que caiga la noche, que se ilumine la constelación, que inicie la fiesta del amor, que baile la inspiración y me acaricie la canción.

Conocí aquellos especiales amaneceres, aquellos esplendores matutinos teñidos de esperanza e ilusión. Tenían un extraño aroma a inmortalidad. Los pocos años se hacían sentir, sin mayores responsabilidades, todo tenía la sensación de lo espectacular, de lo nuevo, de lo brillante, de lo atrapante. El juego era la vida. El universo era nuestro.

Jamás debí abandonar ese camino que me llenaba de vida.

Las calles embrujadas de amor, de pasión y seducción. Las calles que tantos latidos abriga, que tantas historias atrapa. Al recorrerlas tantos años después, no puedo dejar de experimentar la magia de sus rincones, de sus piedras, de sus esquinas alucinantes y repletas de piel. Tanta vida en esas calles del pasado y presente.

Construyendo un mundo mágico... Con tan poco se puede hacer un castillo, un cielo teñido de rojo y amarillo, es tan solo deslizar el pincel de la imaginación. Vuela por una bahía delirante. Las nubes son de algodón con sabor a fruta. El mar es brillante en colores. Una nave de felicidad. Un sol vivo de ilusión. Las aves pintan el arco iris.

Profetas del vino. Alcohólicos de la felicidad. Escuderos de la poesía, de la narrativa. Guías de los sabores y aromas. Embriagadores del alma. Ladrones de la tristeza. Magos de la esperanza. Locos ebrios del vino y de la vida.

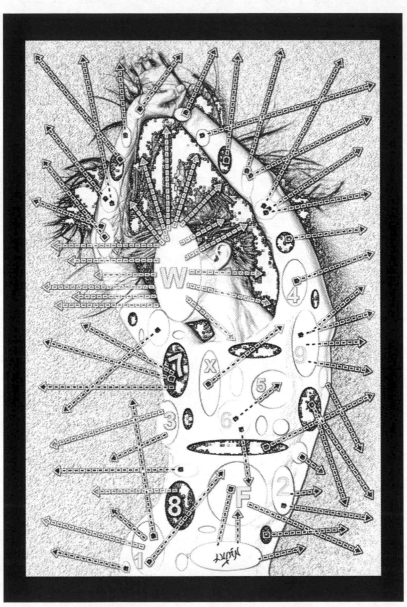

Pintura de la artista Lilia Luján

CAPÍTULO 25

Arden las velas, suspiran las alcobas, gritan las esquinas y cantan los poetas.

Bésame otra vez, como si fuera el último beso de nuestra vida, el beso que se extingue con nosotros. El beso que lo atrapa todo, que nos quema y nos devora. Bésame otra vez y llévame a la inmortalidad.

Tanto das, tan poco pides, destilas dedicación, pasión y entrega. Destiñes la falsedad, eres natural, manifiestas amor con toda ilusión. Quieres sentir y brillar en un instante, explotar con la belleza de un sincero acto amoroso. Destilas amor.

Nadar sin ropa. Deslizar los dedos entre el destino. Atropellar el presente. Perder el miedo a sumergirme en ti. Pintar de besos las orillas. Recorrerte.

El reflejo de tu alma en mis ojos es el corazón que no miente.

Mojada en un recuerdo. Perdida en un vuelo. Brillando desesperadamente en un instante. Permaneciendo abrazada a los velos del fuego.

Ponerle fin a algo sin final es un juego de nunca terminar. Hay algunas situaciones que simplemente no pueden tener un final, permanecerán a través del tiempo y el espacio.

Atado al corazón, dulce desolación, que se encarna en libertad. Atado a la libertad que nos da solamente el corazón.

CAPÍTULO 26

Siempre que pensamos que no hay nadie, que estamos solos, nos equivocamos, siempre hay alguien que de alguna u otra forma está presente y nos acompaña.

Cuando el mundo pese en tu corazón, cuando llores al anochecer, cuando pienses que no existe quien te pueda consolar, esa presencia te abrazará hasta la eternidad.

Nuevas emociones que se expresan repetidamente desde el pasado. Dulces sensaciones, emotivas, vibrantes, que se expresan desde el interior y que se encierran en una prisión momentánea.

La vida pasa como huracán y se escurre como agua entre los dedos. Al pestañear pasan los años y ruedan por una bajada vertiginosa las experiencias de vida. Se marchita el tiempo en pleno tornado de vivencias.

Llegará ese día para redescubrir tus orillas, tus bahías, tus penínsulas, tus caminos mágicos, tus pálidas y escalofriantes arenas. Tus senderos espirituales del reencuentro. La esencia de tus paisajes, de tus colores que tanto significan. Llegará ese día de volverte a sentir.

Navidad, eterna temporada para algunos, oscuro pasaje del tiempo para otros. Siempre depende con qué cristal se mira. A veces, hasta encontramos una mezcla de ambas sensaciones, o alternancia, porque depende del estado de nuestro corazón. Es una estación que puede significar muchas cosas para bien o para mal. ¡Dulce navidad!

Llegó el momento de una evaluación del año, de nuestras vidas. Un instante para reflexionar sobre las huellas en el camino. Huellas sobre las cuales se puede construir un hoy, y un mejor mañana. Edificios que se sustentan en lo experimentado, en lo aprendido, en las valoraciones del ayer. No hay presente ni futuro mejor sin ese pasado. Aprendamos del ayer.

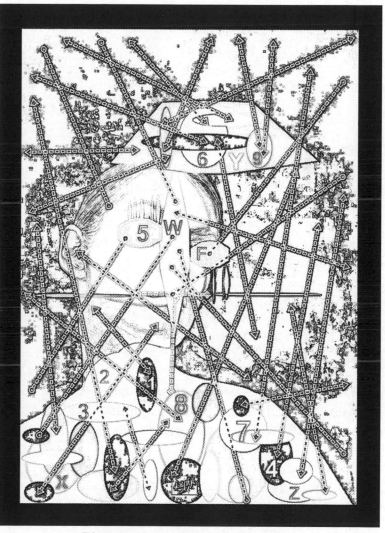

Pintura de la artista Lilia Luján

CAPÍTULO 27

En el mundo distante, en otros tiempos, lejos, un día comencé a caminar hacía otro rumbo. La inquietud de buscar lo diferente, de aprender de las diferencias, de buscar la sorpresa y la aventura. De buscar la mirada en otros espejos, en otras realidades, en otras vivencias. Entre todas esas líneas y mucho más, apareció éste mundo.

La verdad que lastima, la que hiere punzantemente, se padece su dolor, su profundo ardor. Y así, aprendemos el valor de la verdad que hiere, que duele, pero que al final, nos sana.

Autopista de tempestad, carrera de cambios, carriles de esperanza, vientos libertarios, escenas que rugen, velocidad embriagante.

Temporadas semivacías, sin grandes expresiones. Cajas sentimentales que no cargan casi nada, que no pueden llenarse fácilmente con emociones porque es una época semidesértica. Asquerosa sequía que no nos deja experimentar los torrentes de emociones que hacen palpitar al corazón. Hay que esperar por la próxima lluvia de emociones.

Las trampas del destino se hacen sentir, se manifiestan en diversas formas, nos golpean duramente, hieren y alteran la realidad.

Incomprensible pensamiento, sin aparente claridad, inunda la mente con su confusión, se esparce en un mar de inquietud. Parece durar poco tiempo. En un nuevo amanecer reaparece el sol de la claridad, porque cuando la tormenta pasa, el sol regresa.

CAPÍTULO 28

Teníamos el mundo para nosotros, queríamos cambiar las estrellas de lugar, limpiar las nubes, surcar el cielo en nuestra bicicleta, acomodar la galaxia. Éramos como súper héroes inmortales sin razón.

En el camino quedan las huellas, y también, los que fueron parte de ese camino. Algunos se quedaron allí perdidos entre los estanques del olvido; no sobrevivieron a nuestro presente y no estarán en nuestro futuro. No se convirtieron en huellas permanentes, el viento y la lluvia borraron sus pisadas.

Se repite y se repite casi la misma historia. Rodar y rodar para ver las mismas escenas de un tiempo pasado. Siempre aparecen casi los mismos personajes, siluetas recortadas desde la penumbra. Son diferentes, pero a la vez, casi lo mismo. La vida pone cadenas limitadas con un candado de código acertijo, debemos encontrar la combinación para liberarnos de esa historia que se repite y repite.

Un sonido agudo atrapado entre las manchas del olvido. Un espacio lejano que parece no desaparecer, que no se quiere ir, que se aferra para no morir en el pasado.

La ausencia los marchitó, los secó, los desparramó por un sendero perdido. Cenizas de ausencia que se esparcieron en el viento.

Pintura de la artista Lilia Luján

CAPÍTULO 29

El fanatismo de buscar lo diferente. Encuentro algo especial en lo que es invisible para muchos. El afán por la diferencia... Esa sensación que se hizo presente casi toda mi vida para llegar a sentirme como un perro verde. Me persigue el sentir por la diferencia que enriquece nuestro interior.

Cuanto dicen sus manos... Flotan en el aire, muestran su historia, su pasado, y deslizan el dibujo del presente. Humedecen el aire con encanto. Su aroma tiene esencia de vida, de amor y pasión. Dedos juguetones. Bellos estandartes de la ternura.

Sus deseos juegan entre las orillas de mi piel. Busca lo que sus ojos no pueden ver, busca sentir lo que parece escondido y que la sorprende en cada sentimiento. Desliza su pasión, sus caricias, su sensualidad ardiente entre los rincones de la silueta misteriosa. Va de lado a lado, abrazada entre las sensaciones amorosas. ¡Siente! Busca despegar y convertirse en un volcán en erupción.

Midiendo los miedos, entre la soledad de estar acompañado pero solo, la persistente sensación que navega en el interior casi desde el nacimiento de la conciencia. Me llevas contigo en forma continua, no me dejas solo, soledad de inquebrantable presencia.

Estuve perdido, muy perdido... Esperando una luz, algo que me sacara de ese infierno perdido y desgarrador. Tenía miedo, mucho miedo a perderme por siempre. Espere el momento, el instante adecuado, y luché, luché por escapar a un mundo al cual no pertenecía.

Estuve perdido, sí que lo estuve, mucho, pero ya estoy aquí de regreso, reflejo de mi victoria

CAPÍTULO 30

Hoy, es un nuevo día, un nuevo comienzo, un nuevo año. 365 oportunidades para construir un nuevo destino, un nuevo camino, una nueva vida. Cada instante, puede significar el comienzo de algo grandioso, la oportunidad para ser mejores en lo profesional y en lo personal. La oportunidad de influir en forma positiva en los caminos de otros. Instantes para aprender, disfrutar, y valorar más la vida. Hoy, todo comienza de nuevo…

Los caminos se siguen recorriendo, la historia continua, y seguramente, nos reencontraremos en otro capítulo del libro de la vida.

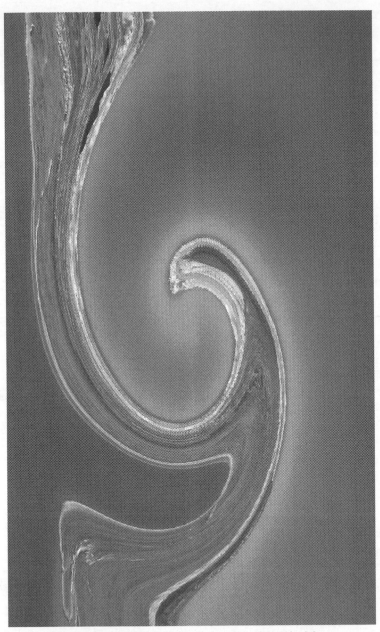
Foto e imagen producida por Charly Yeye

"Mi trabajo es básicamente un ejercicio catártico, donde intento conjugar todos los elementos en armonía y equilibrio. La intuición, la experimentación y la estética son la base de mi técnica. La raíz de mi visión plástica, mi propia esencia, mis sentidos...". –Lilia Luján

BIOGRAFÍA DE LA ARTISTA LILIA LUJÁN

Artista visual multidisciplinar autodidacta. Cuenta con una extensa producción de obra que incluye pintura, escultura alternativa, murales, arte objeto, gráfica, ilustración, arte digital, diseño de joyería, textiles, reconocimientos y regalos empresariales; además de diversas piezas de arte utilitario para la decoración residencial, corporativa, institucional y comercial.

A la fecha, Luján ha participado en más de 300 exposiciones individuales y colectivas en diversos países de América y Europa, en donde vivió por doce años. Sus obras forman parte del patrimonio artístico de la Universidad Autónoma de Madrid y la Universidad de Alcalá, en España; el Museo Poeta Javier de la Rosa, en Gran Canaria; el Museum of the Americas en Miami y Piag Museum en Florida, USA; Claudio León Sempere - Museum of Fine Arts en Buenos Aires y Museo Alma Fuerte en La Plata, Argentina.

Su producción artística ha sido adquirida por fundaciones culturales y colecciones particulares de México, Estados Unidos, Brasil, Venezuela, España, Portugal, Italia,

Francia, Alemania, Dinamarca, Holanda, Inglaterra, Rusia y Japón.

Lilia Luján ha publicado cinco libros: Arte Contemporáneo, Lilia Luján (2007); Arte Huichol mexicano y sus Mandalas (2008); Luján- Minimal Art- Artistbook. Pintura, Escultura, Murales (2011); Mundo Azteca, diseños modernos para colorear (2011) y (2012). En proceso edición especial Luján-retrospectiva.

La artista colabora regularmente con publicaciones de arte, cultura, diseño, interiorismo y arquitectura, así como con diversos diarios nacionales e internacionales.

Algunas exposiciones recientes:
WTC (Centro de Exposiciones y Convenciones-DF.), Alianza Francesa (Del Valle y Coyoacán-DF.), Centro Asturiano (Polanco-DF), PEMEX - Petróleos Mexicanos (Torre corporativa-DF.), Lotería Nacional para la Asistencia Pública (Edificio Moro-DF.), SEP - Secretaría de Educación Pública (DF.), Cámara de Diputados (DF.), Radio Educación (DF.), SCT- Secretaría de Comunicaciones y Transportes (DF.), Universidad de Guanajuato (Festival de Arte Celaya 2012 - Día Mundial del Arte - Gto. México), Project Din A4 || The International Drawing Project (Exposición itinerante 4 Continentes, Museo José Luis Cuevas - Máscaras de Aliento 2012, Hotel Camino Real (Polanco) Exposición y Subasta "Perfil Mujer" 2012, Museo Soumaya (Pza. Carso) Exposición y Subasta "Proyecto Tam" 2012, INFORMALISMOS I - Galería X Espacio de Arte (Condesa, D.F. Septiembre, 2013), INFORMALISMOS II-INFONAVIT (Edificio Sede - D.F. Octubre, 2013).

Colaboración especial en proyectos 2012-2013:

- INBA-ARTAC- Taller de Artes Plásticas y dirección en elaboración de Mural colectivo en Residencia Juvenil "Yolia"

Mural "Nuevas Oportunidades"- 2012, mixta/lienzo 2.30x4.80 m.

- SEP-ARTAC- Dirección en elaboración de Mural colectivo con niños de Escuela Primaria de Participación Social N° 7

Mural "México Vivo" - 2012, mixta/lienzo 2.5x10.70m.

- ARTAC.- Asociación de Artistas Plásticos de México, A.C. Participación en la promoción y organización de diversos eventos Conmemorativos del DÍA MUNDIAL DEL ARTE 2012, 2013, 2014 y procuración de fondos. Diseño y elaboración de revistas y artículos promocionales.

Facebook: Lujàn-Minimal Art-artistbook
Email: lilialujan@hotmail.com